So wird es gemacht:

Öffne das miniLÜK®-Kontrollgerät und lege die Plättchen in den unbedruckten Deckel. Jetzt kannst du auf den Plättchen und im Geräteboden die Zahlen 1 bis 12 sehen.

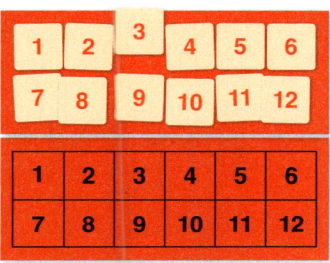

Schließe dann das Gerät und drehe es um. Öffne es von der Rückseite. Wenn du das bei der Übungsreihe abgebildete Lösungsmuster siehst, hast du alle Aufgaben richtig gelöst.

Beispiel: Seite 3
Verschieden und doch gleich

Nimm das Plättchen 1 und schau dir die Aufgabe Nr. 1 an: Welches ist der gleiche Buchstabe? Es ist das **N** auf der Seite 3 mit der Zahl **3**.
Die 3 ist auch die Feldzahl im Kontrollgerät, auf die du das Plättchen 1 legst. Die Zahl 1 muss nach oben zeigen.

Passen einige Plättchen nicht in das Muster, dann hast du dort Fehler gemacht. Drehe diese Plättchen da, wo sie liegen, um, schließe das Gerät, drehe es um und öffne es wieder. Jetzt kannst du sehen, welche Aufgaben du falsch gelöst hast. Nimm diese Plättchen heraus und suche die richtigen Ergebnisse. Kontrolliere dann noch einmal.
Stimmt jetzt das Muster?

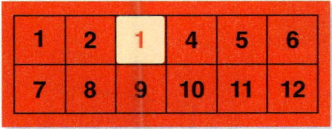

So arbeitest du weiter, bis alle Plättchen im Geräteboden liegen.

Das System ist für alle Übungen gleich: Die Aufgabennummern 1 im Heft entsprechen immer den LÜK-Plättchen aus dem Kontrollgerät. Die grauen Zahlen hinter den Lösungen sagen dir, auf welche Felder des Gerätes du die Plättchen legst.

Und nun viel Spaß!

›› Eine animierte Bedienungsanleitung gibt es auf **www.luek.de**

Verschieden und doch gleich

1 N

2 T

3 F

4 B

5 I

6 E

8 E

9 A

R 10

2 U

11 S

T 1

M 5

I 12

B 4

F 6

N 3

O 7

R 7

O 8

S 9

A 10

M 11

U 12

12 r

3 f

o 7

2 i

t 10

11 s

e 7

s 8

a 9

m 10

f 11

u 12

Groß und klein

1 N

2 O

3 T

4 F

5 I

6 B

N

b 3

e 10

r 2

u 9

f 8

R 7

E 8

a 7

i 12

S 9

n 1

A 10

s 11

t 6

M 11

m 5

o 4

U 12

Welches Wort fängt genauso an?
Sprich deutlich und höre genau!

8

7	R	10	3	11
8	E	2	10	7
9	S	2	12	5
10	A	1	8	12
11	M	9	8	4
12	U	4	9	6

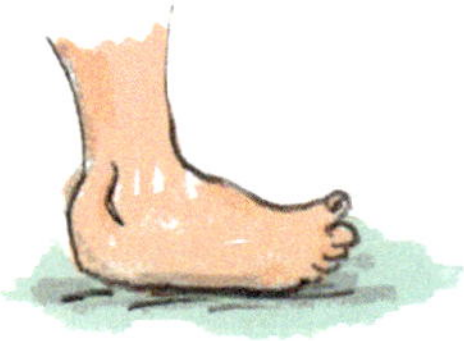

1

2	1	4

O o

6

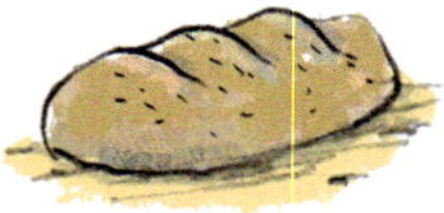

6	5	7

2

7	6	4

3

5	7	4

4

3	1	2

5

10	12	18

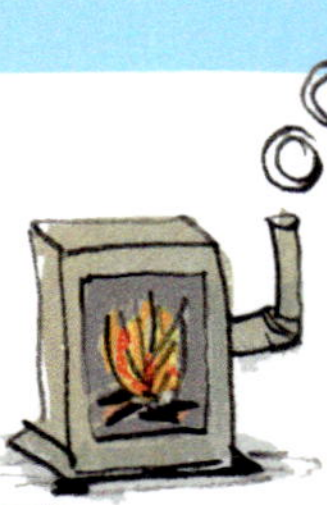

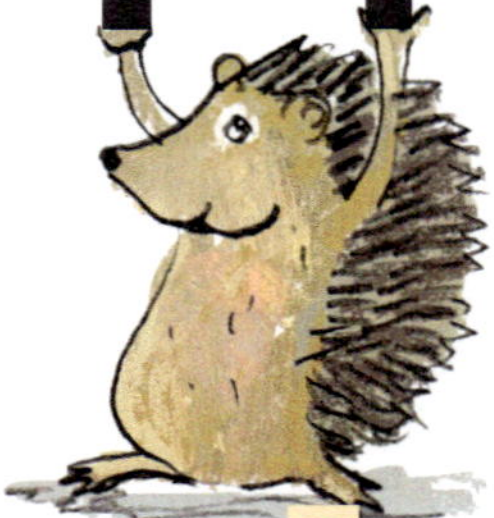

7

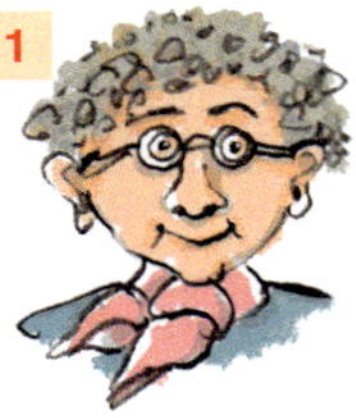

6	7	9

I i

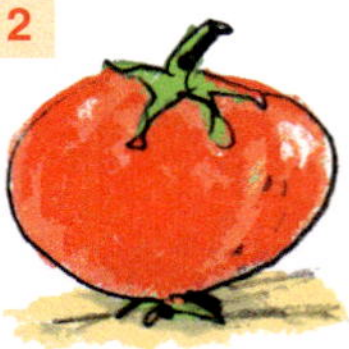

12

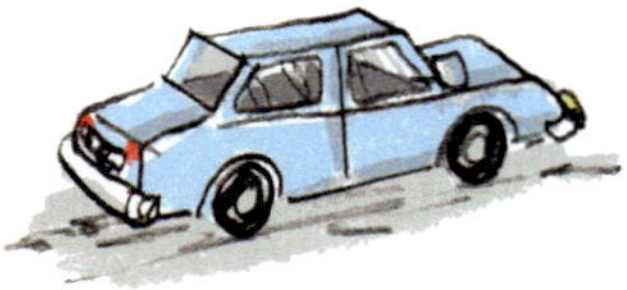

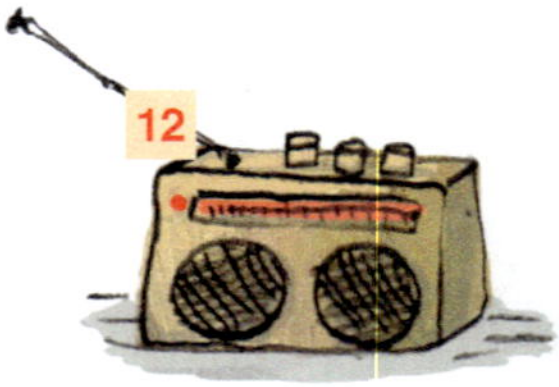

10	11	8

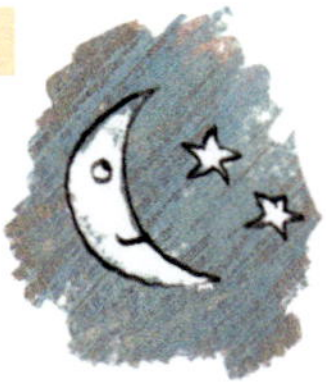

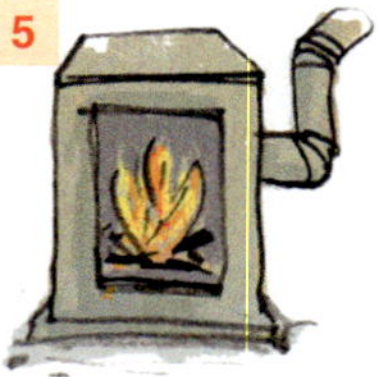

8

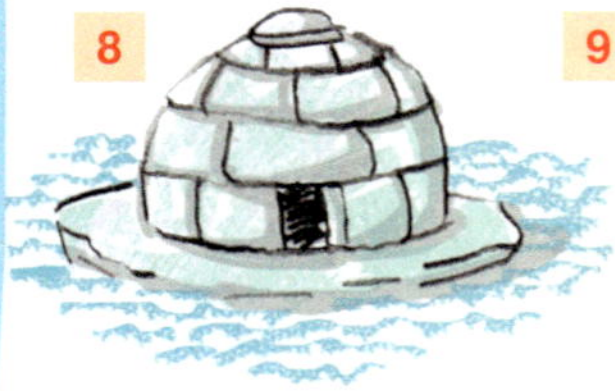

12	8	10

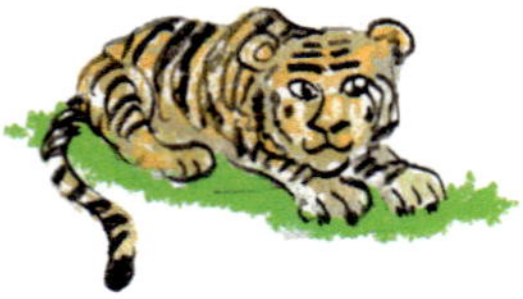

9

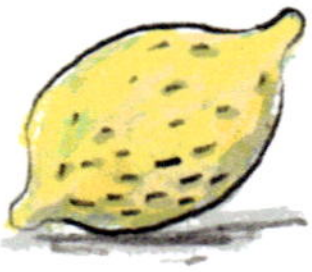

5	3	2

10

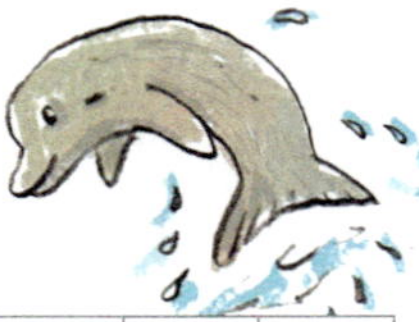

11	8	9

11

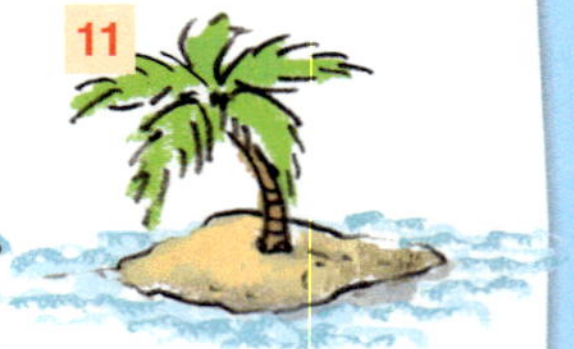

9	7	11

1

7	5	4

Nn

6

11	8	12

2

4	2	5

3

10	4	2

4

2	12	5

5

8	10	12

7

8	11	3

Tt

12

7	6	5

8

3	1	11

9

3	9	1

10

9	6	1

11

9	7	6

Wo hörst du den Buchstaben?

Sprich deutlich und höre genau!

1

7	6	4

F f

6

9	7	6

2

6	8	10

3

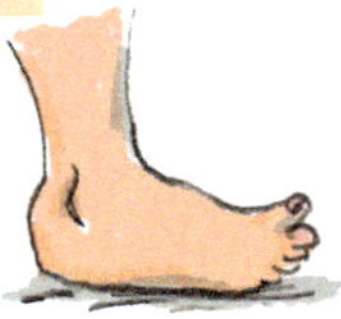

11	9	12

4

3	5	6

5

7	3	5

7

9	10	11

B b

12

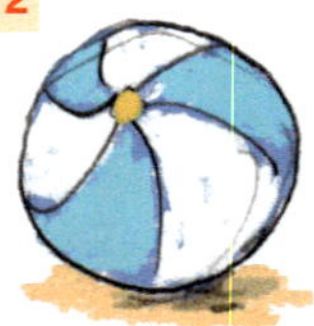

1	4	2

8

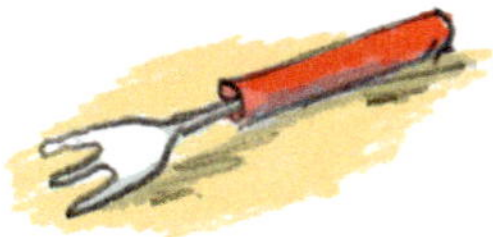

4	2	1

9

12	10	7

10

6	10	9

11

3	6	8

1

6	3	4

Rr

2

9	11	10

3

8	2	9

4

10	5	4

5

2	5	4

6

5	10	12

7

10	7	9

Ee

12

8	6	5

8

6	7	5

9

6	7	9

10

8	9	6

11

3	4	1

1

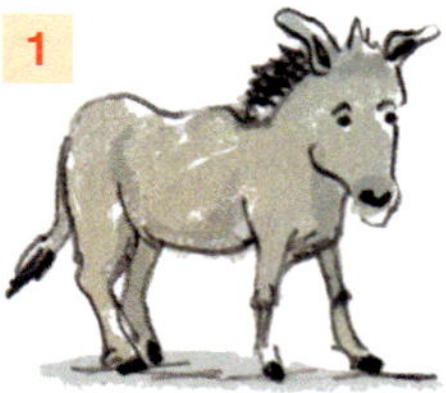

| 7 | 12 | 2 |

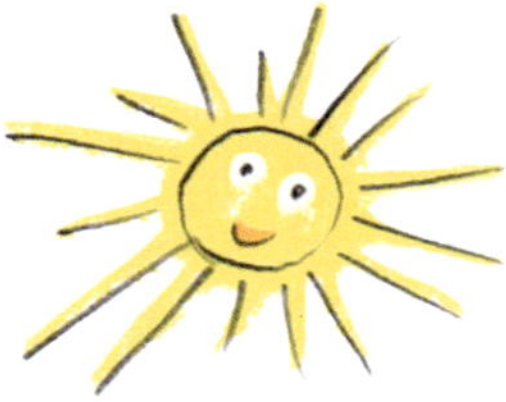

Ss

6

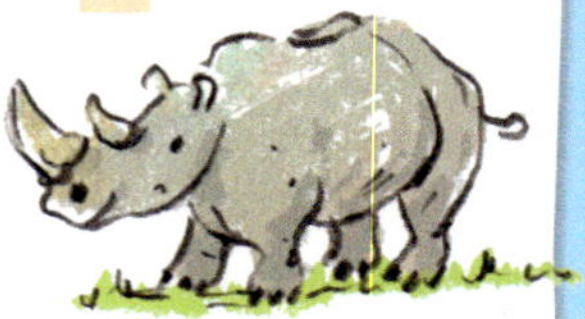

| 1 | 7 | 8 |

2

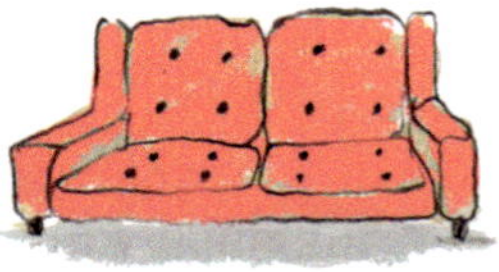

| 8 | 5 | 3 |

3

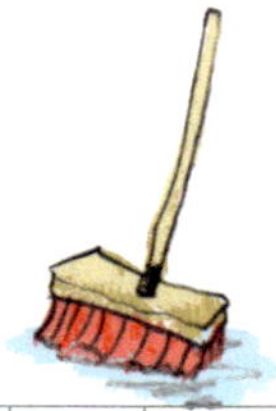

| 10 | 9 | 4 |

4

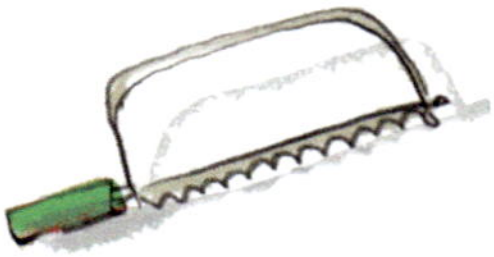

| 11 | 2 | 7 |

5

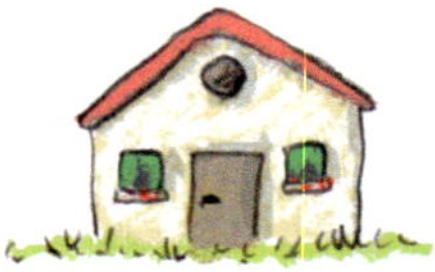

| 4 | 6 | 3 |

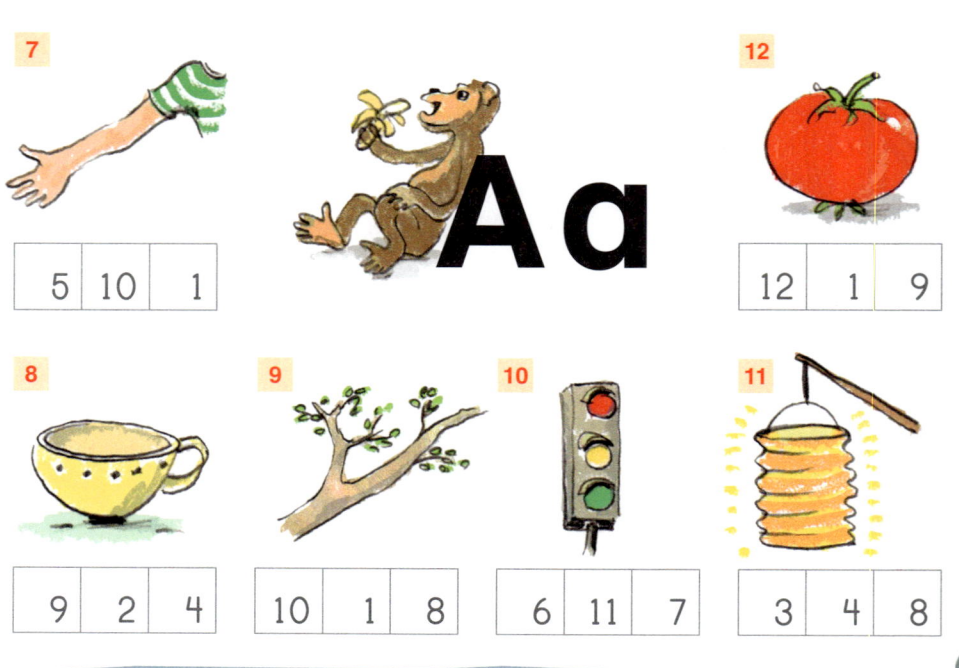

7

| 5 | 10 | 1 |

Aa

12

| 12 | 1 | 9 |

8

| 9 | 2 | 4 |

9

| 10 | 1 | 8 |

10

| 6 | 11 | 7 |

11

| 3 | 4 | 8 |

1

7	9	3

M m

6

8	1	9

2

1	11	10

3

8	12	5

4

3	2	7

5

6	4	11

7

12	8	6

U u

12

12	3	4

8

10	4	7

9

5	2	10

10

1	5	2

11

6	11	0

Roboterschrift
Sieh genau hin!

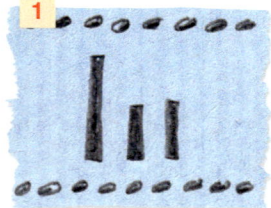

Not	12
See	11
rot	1

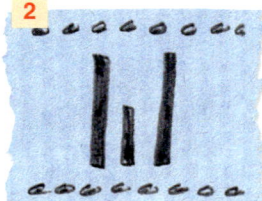

mit	9
Arm	3
Ast	7

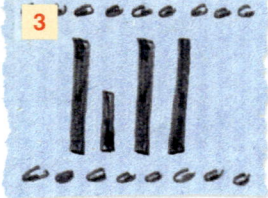

Bett	9
Nest	5
Brot	4

Name	8
Boot	12
Ente	6

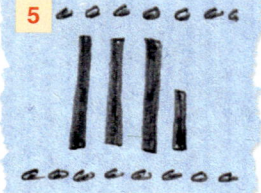

Turm	10
Affe	3
bunt	2

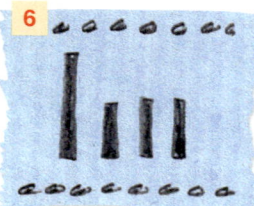

Nase	8
rosa	11
Saft	1

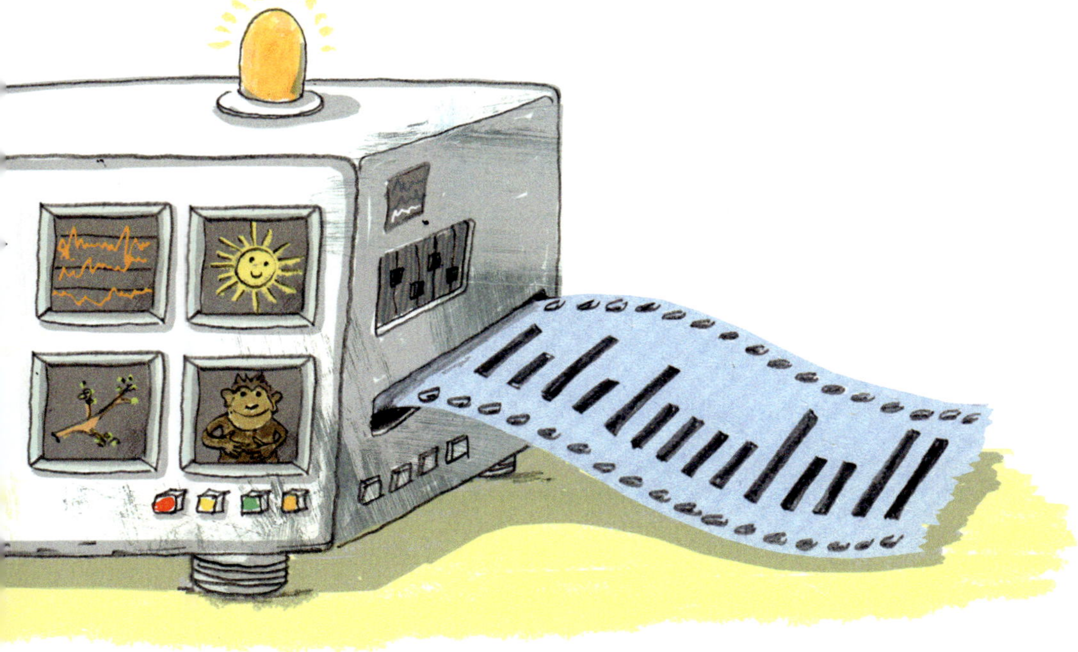

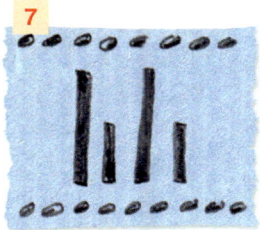

Bart 5
Mama 2
Ente 6

Film 10
Ofen 1
Rabe 4

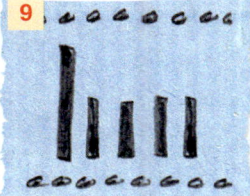

Sonne 10
Torte 12
Ufer 7

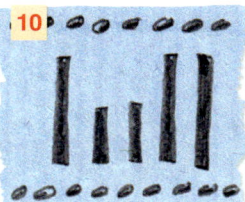

Tasse 11
Matte 8
Brett 5

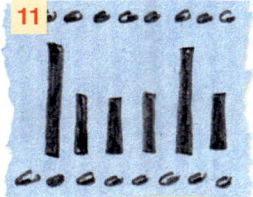

Braten 9
Banane 7
Tomate 4

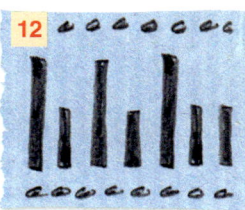

Antenne 3
Roboter 2
Butter 6

Buchstabenketten

A n n a

N a m e

1. Nase 12   Name 7   Dame 1

B r o t

2. Brot 3   Boot 8   Bart 9

E n t e

3. Ernte 6   Eule 5   Ente 12

A r m e

4. Affe 1   Arme 2   Amme 4

T o r t e

5. Torte 6   Tante 2   Tore 10

B i r n e

6. Bären 9   Sirene 5   Birne 4

B a n a n e

7 Banden 1   Banane 8   Rasen 7

B e s e n

8 Besen 9   Beete 3   Brille 2

T o m a t e

9 Tassen 11   Romane 10   Tomate 5

S i r e n e

10 Salben 7   Sirene 1   Bienen 6

T e l e f o n

11 Elefant 8   Teller 12   Telefon 11

R o b o t e r

12 Roboter 10   Robben 3   Platten 4

K n o c h e n

Berufe raten
Wer ist was?

Polizistin	2
Bauer	4
Frisör	5
Lehrerin	6
Malerin	12
Busfahrer	7

7

8

9

10

12

11

Welches Wort ist das?

Nimm dir einen Spiegel, sprich sehr deutlich, beobacht[

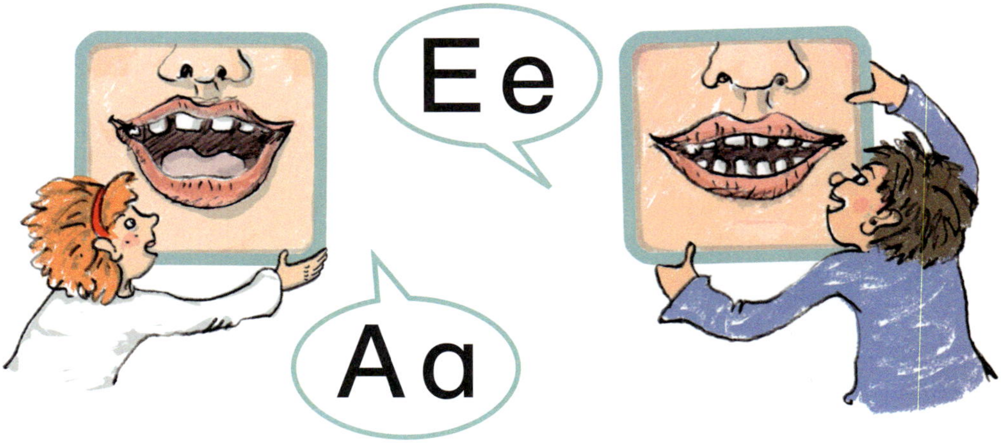

1 F 👄 t 👄	Foto	1
	Fete	5
	Fite	2
2 👄 nt 👄	Ante	3
	Ente	11
	Enti	6
3 B 👄 👄 t	Beet	7
	Boot	10
	Beat	12
4 M 👄 m 👄	Momo	9
	Meme	7
	Mama	8

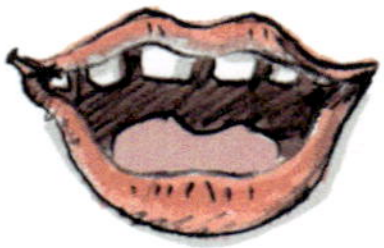

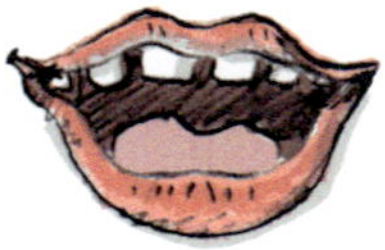

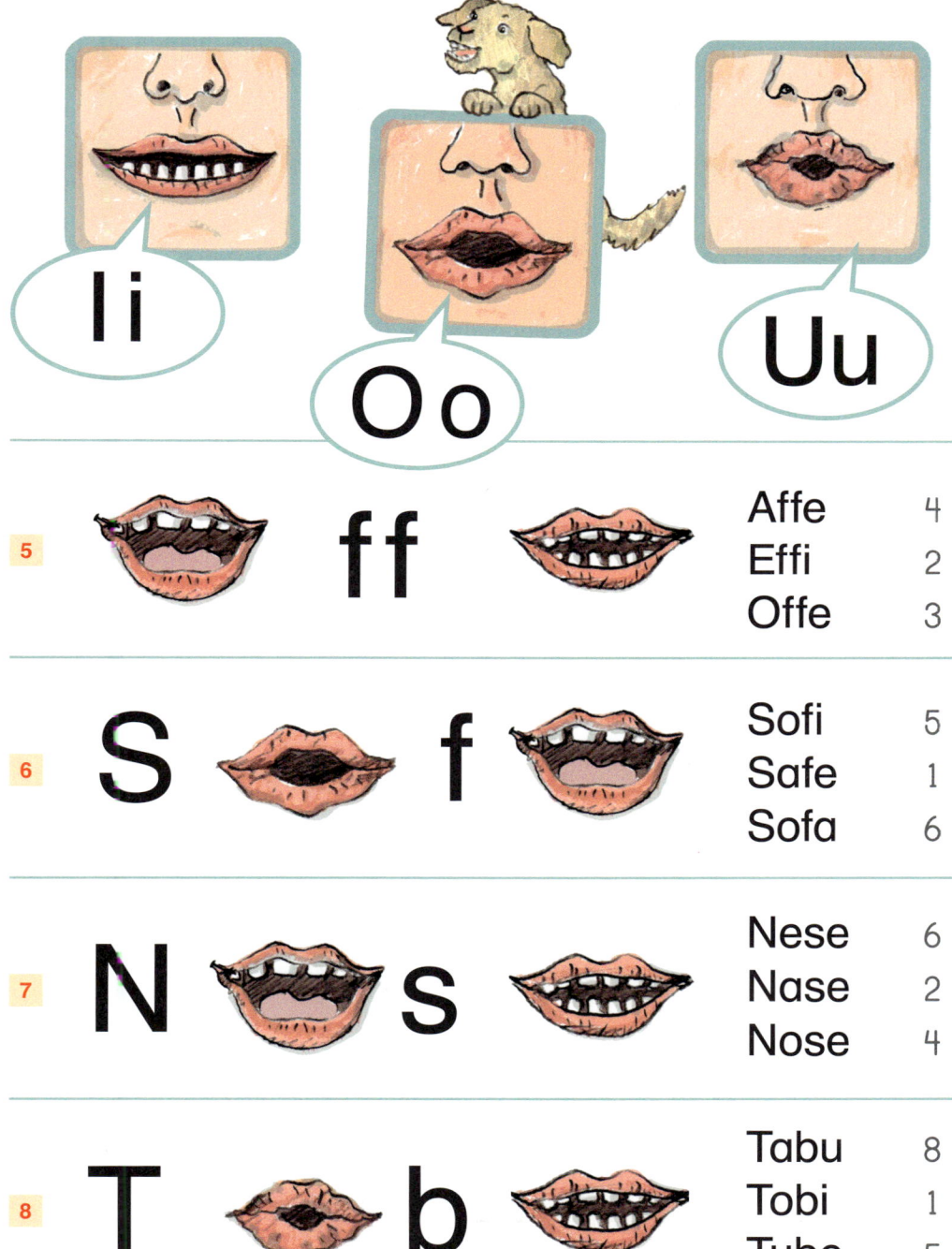

Ii

Oo

Uu

5		ff		Affe	4
				Effi	2
				Offe	3

6	S		f		Sofi	5
					Safe	1
					Sofa	6

7	N		s		Nese	6
					Nase	2
					Nose	4

8	T		b		Tabu	8
					Tobi	1
					Tube	5

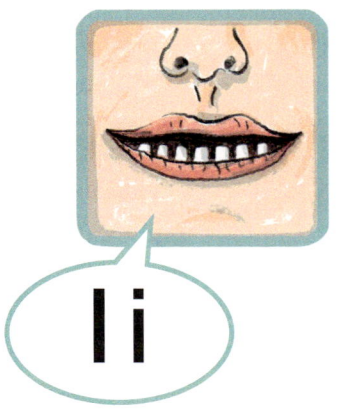

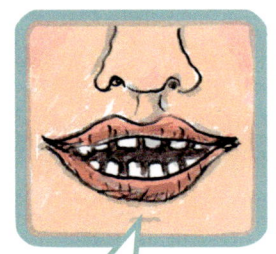

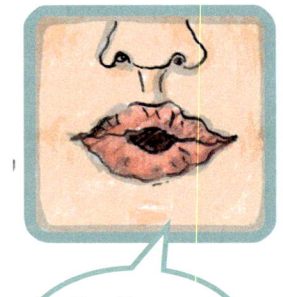

Ii **Ee** **Uu**

9	 f  n	Ofun	11
		Ofen	9
		Efan	10

10	T  rt 	Turte	4
		Tarte	8
		Torte	7

11	B  rn 	Birne	3
		Berni	12
		Barni	9

12	S  nn 	Sanne	10
		Sonne	12
		Sinne	11